LOS
SECRETOS
del
PODER
espiritual

JOYCE MEYER

AUTORA DE ÉXITOS DE VENTAS NO. 1 DEL *New York Times*

CASA
CREACIÓN

Los secretos del poder espiritual por Joyce Meyer
Publicado por Casa Creación
600 Rinehart Road, Lake Mary, Florida 32746
www.casacreacion.com

Originally published in the U.S.A under the title:
The Secrets of Spiritual Power;
published by Warner Faith
May 2003
Copyright © 2003 by Joyce Meyer
All rights reserved.

Edición en español, Copyright © 2015 por Casa Creación
Todos los derechos reservados

This edition published by arrangement with FaithWords/
Hachette Book Group, Inc.
New York, New York, USA. All rights reserved.

Traducción: Rosa M. Martínez
Edición: M & L Enterprises Group, LLC
Director de diseño: Justin Evans

Visite la página web de la autora: www.joycemeyer.com

Library of Congress Control Number: 2015941066
ISBN: 978-1-62998-311-0
E-book ISBN: 978-1-62998-368-4

Impreso en los Estados Unidos de América
15 16 17 18 19 * 6 5 4 3 2 1

CONTENIDO

CONTEMPLAR A DIOS

Dios siempre está trabajando en secreto, detrás de los escenarios, aun cuando parezca que nada está cambiando. Para que el cambio sea permanente, debe darse de adentro hacia afuera. Solo Dios puede efectuar ese tipo de cambio en el corazón. ¡Deje a Dios ser Dios!

LA PALABRA DE DIOS PARA USTED

¿Qué, pues, diremos a esto? Si Dios es por nosotros, ¿quién contra nosotros?

ROMANOS 8:31

Los que confían en Jehová son como el monte de Sion, Que no se mueve, sino que permanece para siempre.

Como Jerusalén tiene montes alrededor de ella, Así Jehová está alrededor de su pueblo Desde ahora y para siempre.

SALMO 125:1-2

UNO
CONTEMPLAR A DIOS

Dios es muy grande; nada es imposible con Él. No tenemos nada que temer de nuestros enemigos, porque ninguno de ellos es tan grande como nuestro Dios.

Dios es por nosotros; Él está de nuestro lado. El enemigo solo tiene una posición, él está en contra nuestra. Pero Dios está sobre nosotros, debajo de nosotros, a través de nosotros, por nosotros, y a nuestro alrededor. Entonces, ¿de quién tenemos que tener miedo?

Así como el Monte de Sion, no debemos ser movidos porque Dios está alrededor de todos nosotros. Y si eso no es suficiente, dejo lo mejor para el final: Él está en nosotros, y Él dijo que nunca nos dejaría, ni nos abandonaría.

La salvación es nuestra mayor bendición de parte de Dios, y se nos ha dado al Ayudador, el Espíritu Santo mismo para empoderarnos para ser como Jesús. Dios tiene bendiciones y poder espiritual para nosotros. Él es poderoso y grande, y capaz de hacer lo que nosotros jamás haríamos por nosotros mismos.

Dios desea que dejemos al Espíritu Santo fluir a través de nosotros con poder para mostrar a la gente su amor y ayudar a la gente con sus dones. Todo se centra en Él.

Dios escoge las cosas débiles y necias de este mundo, a propósito, para que la gente las mire y tenga que decir: "Eso tiene que ser Dios".

LA PALABRA DE DIOS PARA USTED

Porque no tenemos lucha contra sangre y carne, sino contra principados, contra potestades, contra los gobernadores de las tinieblas de este siglo, contra huestes espirituales de maldad en las regiones celestes.

EFESIOS 6:12

LA GUERRA INTERNA

Para librar la guerra espiritual con el poder de Dios, debemos recordar que estamos luchando contra Satanás y sus demonios, no contra otras personas...y no contra nosotros mismos. Probablemente la lucha más grande que libramos es aquella de nosotros contra nosotros mismos, luchando desde donde estamos espiritualmente en comparación con donde vemos que necesitamos estar. Estaremos luchando con el sentimiento de no haber realizado en la vida más de lo que debimos; podemos sentir que somos unos fracasados financieramente o algunas cosas más, pero una cosa es el hecho; nosotros no podemos cambiar nada estando frustrados y batallando en el interior. Solo Dios puede pelear nuestras batallas y ganar. Estas batallas internas son realmente batallas y deben ser manejadas de la misma manera como el resto de nuestras batallas.

Es difícil llegar al lugar donde podemos ser honestos con nosotros mismos acerca de nuestros pecados y fallas, nuestras inhabilidades y falibilidades, y aun así saber que estamos bien con Dios porque Jesús nos hizo justos cuando murió por nosotros y resucitó de la muerte. Si está teniendo una batalla interna consigo mismo, el saberse justificado para con Dios es una llave tremenda para conectarse con el poder espiritual.

Podemos ser cambiados en la medida que adoramos y contemplamos a Dios, no si nos miramos a nosotros mismos, sumando nuestros muchos defectos, sino mirándolo a Él.

LA PALABRA DE DIOS PARA USTED

Por tanto, nosotros todos, mirando a cara descubierta como en un espejo la gloria del Señor, somos transformados de gloria en gloria en la misma imagen, como por el Espíritu del Señor.

2 CORINTIOS 3:18

ESTAMOS CAMBIANDO

Yo quiero cambiar, y estoy segura que usted también. Quiero ver cambios en mi conducta. Quiero ver progresos continuos. Por ejemplo, quiero más estabilidad; quiero caminar en una gran medida de amor y todos los demás frutos del Espíritu. Quiero ser bondadosa y buena con otros, aun si yo no me siento buena o no tengo un día particularmente bueno. Aun cuando las cosas vienen en mi contra y no están trabajando de la forma en que me gusta, aun así quiero manifestar el carácter de Jesucristo.

A través del poder del Espíritu Santo dentro de nosotros podemos ser amables, simpáticos y bondadosos, aun cuando las cosas no están yendo como queremos. Podemos mantenernos en calma cuando todo a nuestro alrededor parece estar al revés, cuando todo parece conspirar en nuestra contra para causarnos el que perdamos nuestra paciencia y nos enojemos y molestemos.

La llave para mí ha sido aprender finalmente que Dios me cambia a través de su gracia, no a través de mis luchas para cambiarme a mí misma. Yo sufrí muchos años de lucha para cambiarme a mí misma antes de descubrir que el poder de Dios me estaba cambiando por dentro, poco a poco.

Así es como Dios nos cambia. Él nos revela algo, entonces espera hasta que decidamos confiar en Él, antes de trabajar en nosotros su carácter en esa área.

LA PALABRA DE DIOS PARA USTED

Yo soy la vid, vosotros los pámpanos; el que permanece en mí, y yo en él, éste lleva mucho fruto; porque separados de mí nada podéis hacer.

JUAN 15:5

SOLO EN JESÚS

Yo era una persona muy independiente, y Dios comenzó a hablarme a través de Juan 15:5 al principio de mi andar con Él. Una de las leyes espirituales para recibir poder espiritual de Dios es tener una dependencia total de Él. Sin fe es imposible agradar a Dios. La fe envuelve el alineamiento de toda la personalidad humana en la absoluta confianza en el poder, sabiduría y bondad de Dios.

Tenemos que apoyarnos, confiar y enteramente depender de Él, quitando todo el peso de nuestra carga y poniéndola en Él. Sin la ayuda de Dios no podemos cambiar nada en nuestras vidas, no podemos cambiarnos a nosotros mismos, a nuestro esposo, nuestra familia, nuestros amigos o nuestras circunstancias. Realmente, separados de Dios no podemos hacer nada.

Perdemos paz y gozo cuando fallamos en dejar a Dios ser Dios. Tratamos de averiguar cosas que no nos competen, ni siquiera con nuestras mentes. Nada es muy difícil o maravilloso para Dios, pero muchas cosas son muy difíciles o maravillosas para nosotros. Necesitamos crecer al punto donde descansemos en el hecho de que conocemos a Aquel que sabe…y somos libres de confiar en Él.

Es bien liberador decir: "Señor, yo no sé qué hacer, y aun si supiera, no puedo hacerlo, pero mis ojos están en ti. Voy a esperar y ver como todo lo resuelves".

LA PALABRA DE DIOS PARA USTED

Y todo Judá estaba en pie delante de Jehová, con sus niños y sus mujeres y sus hijos. Y estaba allí Jahaziel hijo de Zacarías, hijo de Benaía, hijo de Jeiel, hijo de Matanías, levita de los hijos de Asaf, sobre el cual vino el Espíritu de Jehová en medio de la reunión; y dijo: Oíd, Judá todo, y vosotros moradores de Jerusalén, y tú, rey Josafat. Jehová os dice así: No temáis ni os amedrentéis delante de esta multitud tan grande, porque no es vuestra la guerra, sino de Dios.

2 CRÓNICAS 20:13-15

ESPERE EN DIOS

Me encanta las escrituras de 2 de Crónicas 20:13-15 porque son poderosas. El rey Josafat y la gente estaban enfrentando un ejército grande con probabilidades que eran imposibles. Pero en vez de tomar una acción natural, Josafat tomó una acción espiritual. En la economía del poder espiritual de Dios, esperar en Él y estar quieto es una acción espiritual. En efecto él estaba diciendo: "Señor, yo voy a esperar en ti hasta que tú nos liberes, y voy a disfrutar mi vida mientras espero en ti".

Satanás odia nuestro gozo. Él quiere ver ira, emociones desenfrenadas, lágrimas, autocompasión, quejas, murmuraciones, culpando a Dios y a otros por la situación de nuestra vida. Él quiere ver de todo menos gozo, porque el gozo del Señor es nuestra fortaleza (Nehemías 8:10). Necesitamos ganar fortaleza mientras esperamos para hacer lo que Dios nos instruirá hacer cuando nos dé dirección.

Somos tentados a pensar que no estamos haciendo nuestra parte si no nos preocupamos o buscamos algunas respuestas, pero esto evitará nuestra liberación en vez de ayudar. No es irresponsabilidad el disfrutar la vida mientras esperamos en el Señor para resolver nuestros problemas (Juan 10:10).

La respuesta de Dios fue llana y simple: "No tengas miedo, porque la batalla no es tuya, sino del Señor".

LA PALABRA DE DIOS PARA USTED

Mañana descenderéis contra ellos; he aquí que ellos subirán por la cuesta de Sis, y los hallaréis junto al arroyo, antes del desierto de Jeruel.

No habrá para qué peleéis vosotros en este caso; paraos, estad quietos, y ved la salvación de Jehová con vosotros. Oh Judá y Jerusalén, no temáis ni desmayéis; salid mañana contra ellos, porque Jehová estará con vosotros.

Entonces Josafat se postró rostro a tierra, y asimismo todo Judá y los moradores de Jerusalén se postraron delante de Jehová, y adoraron a Jehová.

Y se levantaron los levitas de los hijos de Coat y de los hijos de Coré, para alabar a Jehová el Dios de Israel con fuerte y alta voz.

2 CRÓNICAS 20:16-19

TOME SU POSICIÓN

La gente de Judá no solo se quedó quieta ante Dios. Cuando escucharon la instrucción de Dios, el rey y la gente se arrodillaron rostro en tierra y adoraron. ¡Guau! Adorar fue su posición actual, y en esa adoración también se quedaron quietos. Arrodillarse en reverencia ante Dios es una posición de batalla y una llave para el poder espiritual.

Alabar a Dios es atribuir a Él la gloria debida a su nombre. Significa hablar y cantar acerca de su bondad, gracia y grandeza. *Adorar* es "homenajear, reverenciar, servir". En términos generales, puede considerarse como el directo reconocimiento de la naturaleza de Dios, sus atributos, caminos y aclamaciones, ya sea que salga de un corazón en alabanza y acciones de gracias o por acción hecha en tal reconocimiento.

Tenemos que aprender a pelear al modo de Dios no al modo del mundo. Nuestra posición de batalla es una de adoración. Estar de pie significa permanecer o entrar en el reposo de Dios. Nuestra posición en Cristo es alabarlo y adorarlo a Él. Nos paramos firmes en tierra y persistimos en creer que Dios trabajará en nuestra vida y circunstancias. Rehusamos rendirnos.

Mientras adoramos al Señor, soltamos la carga emocional o mental que está presionándonos hacia abajo. Es devorada por la maravilla de Dios.

LA PALABRA DE DIOS PARA USTED

...pero los que confían en él [el Señor] renovarán sus fuerzas; volarán como las águilas: correrán y no se fatigarán, caminarán y no se cansarán.

ISAÍAS 40:31, NVI

¿POR CUÁNTO TIEMPO SEÑOR?

Cuando comenzamos a adorar a Dios por los cambios que Él está realizando en nosotros, encontramos que esos cambios comienzan a manifestarse más y más. Y experimentamos nuevos niveles de la gloria de Dios, que es la manifestación de todas sus excelencias. En otras palabras, Dios derramará su bondad sobre el adorador.

La cantidad de tiempo que requieren los cambios en nuestras vidas depende de: (1) El tiempo que tardamos en ponernos de acuerdo con Dios en que tenemos el problema que Él dice que tenemos; (2) El tiempo que invertimos en excusas y en echarles las culpas a otros; (3) El tiempo que nos toma dar un giro para cambiarnos a nosotros mismos; y (4) El tiempo que pasamos estudiando su Palabra, esperando y adorándolo a Él, creyendo ciertamente que Él está trabajando en nosotros.

Dios siempre está tratando de trabajar en nosotros. Él se llama a sí mismo "Yo Soy" y siempre está presente para cambiarnos. Él es un caballero y no forzará su camino dentro de nuestras vidas. Él tiene que ser invitado. Según nos rendimos bajo su poderosa mano, Él comienza a remodelarnos a su intención original antes de que el mundo nos dañara. Él definitivamente hará un buen trabajo si nos abandonamos en sus poderosas manos.

**Dios puede cambiarle mientras
lee este libro, si confía en Él.**

LA PALABRA DE DIOS PARA USTED

Acab subió a comer y a beber. Y Elías subió a la cumbre del Carmelo, y postrándose en tierra, puso su rostro entre las rodillas. Y dijo a su criado: Sube ahora, y mira hacia el mar. Y él subió, y miró, y dijo: No hay nada. Y él le volvió a decir: Vuelve siete veces. A la séptima vez dijo: Yo veo una pequeña nube como la palma de la mano de un hombre, que sube del mar. Y él dijo: Ve, y di a Acab: Unce tu carro y desciende, para que la lluvia no te ataje. Y aconteció, estando en esto, que los cielos se oscurecieron con nubes y viento, y hubo una gran lluvia. Y subiendo Acab, vino a Jezreel.

1 REYES 18:42-45

LA LIBERACIÓN
DE DIOS

Dios nos cambia de un grado de gloria a otro, pero no olvide disfrutar la gloria en la cual está ahora, mientras se dirige a la siguiente. No compare la gloria en la que se encuentra con la gloria de alguien que parece estar en un mayor grado de gloria. Cada uno de nosotros somos un individuo, y Dios trata con nosotros diferente, de acuerdo a lo que Él sabe que necesitamos.

Usted puede no notar cambios en el diario vivir, pero quiero alentar su fe para que crea que Dios está trabajando justo como Él dijo que estaría. Recuerde, nosotros vemos después de creer, no antes. Nosotros luchamos con nosotros mismos por todo lo que no somos, cuando debemos estar alabando y adorando a Dios por todo lo que somos. Mientras lo adoramos a Él por lo que Él es, vemos cosas liberadas en nuestras vidas que nunca habríamos podido hacer que sucedieran por nosotros mismos.

Mientras adoramos a Dios somos liberados de la frustración. Todas esas emociones raras y reprimidas que necesitan ser removidas comienzan a desvanecerse. Mientras adoramos, el carácter de Dios es liberado en nuestras vidas y comienza a manifestarse.

Liberamos a Dios para trabajar en nuestras vidas cuando liberamos nuestra fe en Él. La verdad de Dios le hará libre si se mantiene en el plan de batalla de Dios, ¡y le gustarán los resultados!

LA PALABRA DE DIOS PARA USTED

Porque a los que antes conoció, también los predestinó para que fuesen hechos conformes a la imagen de su Hijo, para que él sea el primogénito entre muchos hermanos.

ROMANOS 8:29

Y llamando a la gente y a sus discípulos, les dijo: Si alguno quiere venir en pos de mí, niéguese a sí mismo, y tome su cruz, y sígame.

MARCOS 8:34

A SEMEJANZA
DE CRISTO

La meta número uno en nuestra vida cristiana debe ser parecernos a Cristo. Jesús es la imagen expresada del Padre, y vamos a seguir sus pasos. Él vino como pionero de nuestra fe para mostrarnos cómo se debe vivir. Debemos tratar de comportarnos de la forma en como Jesús lo hizo. Nuestra meta no es ver cuán exitosos somos en los negocios o cuán famosos podemos llegar a ser. No es prosperidad, popularidad o construir un gran ministerio, pero ser la semejanza de Cristo.

La madurez espiritual o ser semejante a Cristo no pueden ser obtenidos sin morir a nuestro ego. Eso simplemente significa decirle sí a Dios y no a nosotros mismos, cuando nuestra voluntad está en oposición a la de Dios. Jesús les dijo a sus discípulos que si ellos querían seguirlo, tenían que tomar su cruz diariamente.

Seguir a Jesús y ser semejante a Él, requiere que olvidemos lo que nosotros queremos—nuestros planes, teniendo nuestro propio camino—y en su lugar confiar en Él para mostrarnos su voluntad para nosotros. Él siempre nos guiará a un profundo gozo y satisfacción, y el precio muy bien vale la pena.

El mundo no está impresionado por las pegatinas de nuestros parachoques, o nuestras joyerías cristianas. Ellos quieren ver los frutos de un comportamiento piadoso. Quieren ver vidas energizadas por el Espíritu de Dios que reflejen la imagen de Jesús.

FAVOR

SOBRENATURAL

La gracia de Dios es el favor de Dios. Es el poder sobrenatural de Dios viniendo a través de nuestra fe para hacer lo que no podemos hacer por nosotros mismos.

LA PALABRA DE DIOS PARA USTED

Acerquémonos, pues, confiadamente al trono de la gracia, para alcanzar misericordia y hallar gracia para el oportuno socorro.

HEBREOS 4:16

———

Y a Aquel que es poderoso para hacer todas las cosas mucho más abundantemente de lo que pedimos o entendemos, según el poder que actúa en nosotros.

EFESIOS 3:20

Dos
FAVOR SOBRENATURAL

Cuando comencé a ministrar por primera vez, estaba asustada. Tenía miedo de ser rechazada. En aquellos días, para una mujer hacer lo que yo hacía no era tan popular como lo es hoy, donde las mujeres predicadoras son más ampliamente aceptadas. Así que, me incliné hacia atrás para hablar y comportarme de la manera que pensé que se esperaba de mí.

El problema era que yo estaba tratando de ganar el favor natural, y no trabajó ni funcionó. Tratar de obtener el favor por usted mismo no es solamente un arduo trabajo, sino que es muchas veces inútil. Mientras más usted se esfuerza, menos personas son atraídas hacia usted.

En ese momento, yo no sabía nada acerca del favor sobrenatural. Yo no sabía que el favor es una parte de la gracia. De hecho, en el Nuevo Testamento las palabras *gracia* y *favor* están ambas traducidas de la misma palabra en griego: *charis*. Así que, la gracia de Dios es el favor de Dios. Y la gracia de Dios causa que cosas que necesitan pasar en nuestras vidas pasen a través del canal de nuestra fe. Es el poder de Dios viniendo a través de nuestra fe el que hace lo que nosotros no podemos hacer por nosotros mismos. No es por poder humano o por fuerza humana, sino por el Espíritu Santo que recibimos favor. Es por el Espíritu de gracia de Dios que encontramos favor con Dios y con el hombre.

Una vez le cree a Dios por gracia sobrenatural, eso alivia el estrés que se acumula en usted. En lugar de tratar de hacer todo por sí mismo, haga lo mejor posible y déjele los resultados a Dios.

LA PALABRA DE DIOS PARA USTED

Pero él da mayor gracia. Por esto dice: Dios resiste a los soberbios, y da gracia a los humildes.

SANTIAGO 4:6

Favor natural

Necesito enfatizar la distinción entre el favor y el favor sobrenatural según se relaciona con el poder espiritual. El favor natural puede ser ganado, donde el favor sobrenatural y poder no pueden.

Si usted trabaja lo suficientemente arduo y prolongado, puede tener gente que guste de usted y lo acepte la mayor parte del tiempo. Pero esa aceptación debe ser mantenida, y ahí es donde la mayoría de las personas entran en problemas. Decir y hacer todas las cosas correctas se convierte en una forma de atadura.

Dios no desea que nosotros invirtamos nuestro tiempo y energía tratando de ganar el favor de Él o de otros. Él desea que nosotros dediquemos nuestro tiempo y energía caminando en su favor sobrenatural a través del Espíritu haciendo su voluntad, no importa si es popular o no. Nosotros no podemos ganar su favor; es un puro regalo de Dios. Y la forma en cómo lo adquirimos es simplemente creyéndolo y recibiéndolo de Dios.

Por esa razón yo oro diariamente por favor, favor sobrenatural. Dios da gracia al humilde, y es uno de mis deseos que su poder espiritual sea liberado a través de mi vida, mis palabras y mis acciones.

Cuando conocemos que todo lo que tenemos y disfrutamos es un regalo de Dios, el resultado de su favor sobrenatural está sobre nosotros, entonces no nos queda otra cosa que hacer sino decir: "Gracias Señor".

LA PALABRA DE DIOS PARA USTED

Y tomó su amo a José, y lo puso en la cárcel, donde estaban los presos del rey, y estuvo allí en la cárcel. Pero Jehová estaba con José y le extendió su misericordia, y le dio gracia en los ojos del jefe de la cárcel.

Y el jefe de la cárcel entregó en mano de José el cuidado de todos los presos que había en aquella prisión; todo lo que se hacía allí, él lo hacía.

No necesitaba atender el jefe de la cárcel cosa alguna de las que estaban al cuidado de José, porque Jehová estaba con José, y lo que él hacía, Jehová lo prosperaba.

GÉNESIS 39:20-23

LA ACTITUD DE FE

A pesar de que José fue castigado injustamente porque fue encarcelado por algo que él no hizo, el Señor se mantuvo con él en favor sobrenatural y tuvo cuidado de él. Él probó que una persona no está realmente en tan mal estado aun si termina en una prisión, si el favor de Dios está con él.

No importa lo que pase en nuestra vida, podemos tener favor con Dios y con otras personas (Lucas 2:52). Pero, como muchas buenas cosas en la vida, solo porque algunas están accesibles a nosotros no significa que tengamos que participar de ellas. El Señor hace muchas cosas accesibles a nosotros de las cuales nunca recibimos ni disfrutamos, porque nunca activamos nuestra fe en esa área.

Por ejemplo, si vamos a una entrevista de trabajo, confesando miedo y fracaso, podemos estar seguros que no obtendremos el empleo. Por otra parte, si aplicamos para un empleo que nosotros sabemos que no estamos completamente cualificados, todavía podemos ir en la confianza, creyendo que Dios nos dará favor en cada situación según sea su voluntad.

Dios desea darle a usted favor, pero usted debe hacer lo que José hizo y creer por eso. José mantuvo una buena actitud en una mala situación. Él tuvo una "actitud de fe", y Dios le dio su favor.

LA PALABRA DE DIOS PARA USTED

Cuando le llegó a Ester, hija de Abigail tío de Mardoqueo, quien la había tomado por hija, el tiempo de venir al rey, ninguna cosa procuró sino lo que dijo Hegai eunuco del rey, guarda de las mujeres; y ganaba Ester el favor de todos los que la veían.

Fue, pues, Ester llevada al rey Asuero a su casa real en el mes décimo, que es el mes de Tebet, en el año séptimo de su reinado.

Y el rey amó a Ester más que a todas las otras mujeres, y halló ella gracia y benevolencia delante de él más que todas las demás vírgenes; y puso la corona real en su cabeza, y la hizo reina en lugar de Vasti.

ESTER 2:15-17

BAJO EL CONTROL
DE DIOS

¿Sabía usted que hay una Escritura que dice que Dios humilla a una persona y exalta a otra? Usted necesita leer 1 Samuel 2:7. Un ejemplo es la vida de Ester. Dios la levantó de la oscuridad para convertirla en la reina de todo un territorio. Él le dio favor con todo el que ella conoció, incluyendo al rey, porque había encontrado favor con Dios.

Más tarde en la historia, Ester atrajo ese favor para salvarse a ella misma y su pueblo, los judíos, de ser asesinados por el malvado Amán, quien se había levantado para destruirlos. Ella pudo haber tenido miedo de ir al rey y pedirle que interviniera, ya que hacerlo podría haberle costado la vida, pero ella confió su vida a Dios.

Cualquiera sea la situación que venga a su vida, aun si usted está siendo acosado, perseguido o discriminado, o alguien está tratando de tomar algo de usted que por ley le pertenece, ya sea su empleo, su hogar, su reputación o cualquier cosa en la vida, créale a Dios por su favor sobrenatural. A pesar de que las cosas se vean desesperanzadoras, Dios puede levantar y Él puede derribar. Si su vida está en sus manos, crea que la luz del Señor brillará sobre usted para darle favor.

No vaya por la vida teniendo miedo o albergando temor al rechazo. El poder de Dios siempre estará con usted.

LA PALABRA DE DIOS PARA USTED

Y dijo el rey a Aspenaz, jefe de sus eunucos, que trajese de los hijos de Israel, del linaje real. Entre éstos estaban Daniel, Ananías, Misael y Azarías, de los hijos de Judá.

Entre éstos estaban Daniel, Ananías, Misael y Azarías, de los hijos de Judá.

A éstos el jefe de los eunucos puso nombres: puso a Daniel, Beltsasar; a Ananías, Sadrac; a Misael, Mesac; y a Azarías, Abed-nego.

Y Daniel propuso en su corazón no contaminarse con la porción de la comida del rey, ni con el vino que él bebía; pidió, por tanto, al jefe de los eunucos que no se le obligase a contaminarse.

Y puso Dios a Daniel en gracia y en buena voluntad con el jefe de los eunucos.

DANIEL 1:3, 6-9

EN TODO Y CON TODO

La historia de Daniel y de los jóvenes hebreos puede ser una historia familiar, pero no podemos ignorar la lección de cómo el favor sobrenatural de Dios fue con ellos después de haber sido llevados lejos de sus hogares y familias.

Por causa de sus pecados contra el Señor, la nación de Judá fue llevada cautiva a Babilonia. Allí algunos de los más prometedores de ellos, incluyendo a Daniel y sus tres amigos fueron escogidos para ser servidores del rey de Babilonia. Como parte de su periodo de tres años de formación, estos jóvenes iban a seguir una dieta rica en carne y vino provista por la mesa del rey. Sin embargo, Daniel y sus amigos determinaron no contaminarse con esta dieta y pidieron seguir su propia dieta hebrea.

Ellos rehusaron comprometer sus convicciones y se nos ha dicho que el Señor le dio a Daniel "gracia y buena voluntad" con el jefe de los eunucos. Ellos tuvieron permiso para seguir su propia dieta siempre y cuando no los dañara. Claro, no solo que no los dañó, sino que los hizo más fuertes y saludables, y los llevó a ser escogidos como consejeros de confianza.

Bajo el favor y el poder de Dios, Daniel se levantó para ser primer ministro del más grande poder mundial; ¿qué hubiera pasado si él no hubiera confiado en Dios en todo y con todo lo que pidió o imaginó?

LA PALABRA DE DIOS PARA USTED

Y Jesús crecía en sabiduría y en estatura, y en gracia para con Dios y los hombres.

LUCAS 2:52

———

Cuando el centurión vio lo que había acontecido, dio gloria a Dios, diciendo: Verdaderamente este hombre era justo.

LUCAS 23:47

EL FAVOR DEL SEÑOR

Desde niño Jesús caminó en favor sobrenatural para con Dios y los hombres. De hecho, una vez comenzó su ministerio público, se hizo tan popular que difícilmente encontraba tiempo para orar y tener relación con su Padre celestial. Aun aquellos que no creían en Él reconocieron que Él disfrutaba el favor de Dios. Cuando los fariseos enviaron guardias para arrestar a Jesús, regresaron diciendo: "Ningún hombre habló como este hombre habla" (Juan 7:46). Justo hasta el final de su vida, aun en la cruz, ese favor y poder especial fue reconocido (Lucas 23:47-48).

Esa es la forma en que me gustaría que usted y yo nos viéramos a nosotros mismos, como los favorecidos del Señor. Él no nos ve como débiles, impotentes, criaturas pecadoras. Él nos ve vestidos de justicia, calzados con los zapatos de paz, vestidos con toda la armadura de Dios, y empuñando la espada del Espíritu, que es la Palabra del Señor. Así es como debemos vernos.

No importa como podamos aparecer ante nosotros mismos y ante otros, nunca debemos olvidar que Dios puede causar que la luz de su favor brille sobre nosotros, justo como lo hizo para con Jesús, para que nosotros también crezcamos en sabiduría y estatura.

**Deje de ver su vida en lo natural.
Usted no le está dando a Dios ningún
crédito por lo que Él puede hacer.**

LA PALABRA DE DIOS PARA USTED

Y derramaré sobre la casa de David, y sobre los moradores de Jerusalén, espíritu de gracia y de oración; y mirarán a mí, a quien traspasaron, y llorarán como se llora por hijo unigénito, afligiéndose por él como quien se aflige por el primogénito.

ZACARÍAS 2:10

EL ESLABÓN PERDIDO

El mensaje de la gracia de Dios ha sido el más importante y sencillo mensaje que el Espíritu Santo me ha ministrado. Mi entera experiencia cristiana fue una lucha antes de conocer acerca del poder espiritual de la gracia. Enseñarle a la gente acerca de la fe y no de la gracia es, en mi opinión, el eslabón perdido en el caminar de muchas personas de fe.

Gracia es el poder del Espíritu Santo que está accesible para hacer lo que se necesita hacer en nuestras vidas, el poder para traer y mantener el cambio. Es la habilidad de Dios que viene a nosotros gratuitamente sin pedirla. A través de la fe la gracia de Dios es recibida. Fe no es el precio que compra las bendiciones de Dios, pero es la mano que las recibe.

Solo escuchando la palabra "gracia" es calmante para mí. Siempre recuerde que si se siente frustrado es porque ha entrado en su propio esfuerzo humano y necesita ubicarse de nuevo en el poder de Dios. La gracia te deja fuerte y calmado; las obras te dejan débil, sin poder, frustrados y desesperados. No se desilusione si el cambio no llega tan rápido como usted quisiera. Tomará tiempo.

Reciba no solo la gracia que salva, pero reciba gracia, gracia, y más gracia para vivir victoriosamente y glorificar a Jesús en su vida diaria.

LA PALABRA DE DIOS PARA USTED

Porque el Señor es el Espíritu; y donde está el Espíritu del Señor, allí hay libertad.

2 CORINTIOS 3:17

———————————

Estad, pues, firmes en la libertad con que Cristo nos hizo libres, y no estéis otra vez sujetos al yugo de esclavitud.

GÁLATAS 5:1

LIBERTAD Y
MÁS LIBERTAD

Cada uno de nosotros nos gustaría ser favorecido y destacado. ¿Será eso orgullo? No, no si esa posición viene de Dios y no de nuestra ambición personal o de nuestro esfuerzo egoísta de llamar la atención hacia nosotros mismos.

Para ser totalmente honestos, yo encuentro placentero ver a Dios destacar a una persona. Es gracioso verlo a Él señalar a alguien para una atención especial o trato preferencial. Verlo a Él trabajar poderosamente en la vida de alguien provocando una genuina alabanza y acción de gracias.

Siempre es agradable tener favor con Dios. Parece no pasar con la frecuencia que quisiéramos. Parte del problema somos nosotros. No tenemos diversión con el Señor como debiéramos. Necesitamos libertad y más libertad y menos miedo y legalismo. Hay muchas cosas que Dios amaría hacer por nosotros, pero no puede porque nosotros no lo pedimos. Una de las razones del por qué no pedimos es porque no nos sentimos dignos. El único momento cuando vamos a Dios y le pedimos favor especial es cuando estamos absolutamente desesperados. Es tiempo que creamos en las palabras de nuestro Padre: "Tú eres la niña de mis ojos. Tú eres mi hijo preferido".

Nuestro Padre celestial quiere ver a sus hijos parados firmes y ser todo aquello para lo cual su Hijo Jesús dio su vida.

LA PALABRA DE DIOS PARA USTED

¡Oh Jehová, Señor nuestro, cuán glorioso es tu nombre en toda la tierra! Has puesto tu gloria sobre los cielos; De la boca de los niños y de los que maman, fundaste la fortaleza, a causa de tus enemigos, para hacer callar al enemigo y al vengativo. Cuando veo tus cielos, obra de tus dedos, la luna y las estrellas que tú formaste, digo: ¿Qué es el hombre, para que tengas de él memoria, y el hijo del hombre, para que lo visites? Le has hecho poco menor que los ángeles, y lo coronaste de gloria y de honra. Le hiciste señorear sobre las obras de tus manos; Todo lo pusiste debajo de sus pies...

SALMO 8:1-6

CORONADO
CON GLORIA

Si usted nota el verso 5 del Salmo 8, Dios ha escogido al hombre para coronarlo de gloria y honor. Aquí, en mi opinión, *honor* y *favor* tienen el mismo significado. Debiéramos decir que Dios ha coronado al hombre con gloria y favor, dándole dominio sobre la obra de sus manos, y colocando todas las cosas bajo sus pies. Yo describo la palabra *gloria* de primera instancia como las excelencias de Dios. Y ser coronado simboliza triunfo y recompensa.

Solo porque no vemos una corona en nuestra cabeza no significa que no hay nada allí. No importa lo que sentimos, hemos sido coronado con el favor y la excelencia de Dios. Nunca significaron para salir del camino de nuestra vida, de tomar lo que sea que el diablo nos lanza sin reclamar lo que por derecho es nuestro.

Si usted lee el verso 6, verá que todas las cosas han sido puestas debajo de nuestros pies por Dios, quien nos ha dado dominio sobre toda su creación. Por la fe en la obra terminada por Jesús en la cruz, tenemos todo el poder que necesitamos para evitar que el diablo y sus demonios nos intimiden, dominen y nos opriman.

Andamos en nuestra gloria dada por Dios y honra solo en la medida que determinemos hacerlo. Aprenda a valerse de ella y caminar en ella.

SEA

TRANSFORMADO

Es obvio que algunas personas están más cerca de Dios que otras. Algunas personas tienen con Dios una familiaridad de "amigos cercanos" que les parece extraña a otras. La verdad es que cada uno de nosotros está tan cerca de Dios como quiere estar.

LA PALABRA DE DIOS PARA USTED

Una sola cosa le pido al Señor, y es lo único que persigo: habitar en la casa del Señor todos los días de mi vida, para contemplar la hermosura del Señor y recrearme en su templo.

SALMO 27:4, NVI

TRES
SEA TRANSFORMADO

Recuerdo el vacío que sentí en el 1976 cuando recién convertida me di cuenta de que haciendo las cosas correctas brindaba felicidad temporal, pero no un profundo gozo que satisfacía. Mi relación con Dios era muy similar a los israelitas, quienes solo podían ver a Dios desde la distancia mientras Moisés hablaba con Dios cara a cara. Dios era real para ellos, y ellos podían oír su voz, pero para ellos Él se veía como un fuego consumidor.

Tal vez usted está experimentando lo que yo pasé. Yo vivía por la ley de la iglesia, haciendo todo lo que me decían que hiciera, y esperando que mi rutina de buenas obras me diera paz y gozo y poder espiritual que las Escrituras prometen. En cambio, me encontré profundamente descorazonada que nada parecía funcionar. Mi vida estaba llena de irritaciones y agravios que me robaron del verdadero contentamiento. Yo sabía que necesitaba un cambio real en mi vida, pero no sabía qué necesitaba. Yo estaba buscando, pero yo no sabía lo que estaba buscando.

Muchos de nosotros queremos las bendiciones y el poder de Dios, pero nosotros no lo anhelamos y perseguimos a Él, o dejamos a un lado otras cosas para ir tras una palabra del Señor. Queremos ser transformados, pero a diferencia de David, fallamos en comprometernos en una cosa: la presencia manifiesta de Dios.

Lo único que realmente satisface el anhelo interior es conocer a Dios más íntimamente hoy de lo que hicimos ayer.

LA PALABRA DE DIOS PARA USTED

Él respondió y dijo: Escrito está: No sólo de pan vivirá el hombre, sino de toda palabra que sale de la boca de Dios.

MATEO 4:4

━━━━━━━━━

No os embriaguéis con vino, en lo cual hay disolución; antes bien sed llenos del Espíritu.

EFESIOS 5:18

UNA REVISIÓN
DE LA REALIDAD

Yo no creo que haya nada mejor que estar satisfecho. Levantarse en la mañana y pensar, la vida es buena, alabado Dios, estoy satisfecho, e irse a la cama de noche todavía satisfecho es verdaderamente vivir en abundancia. Por otro lado, no pienso que haya nada más malo que vivir en un bajo nivel de insatisfacción todo el tiempo.

Aquí está la revisión de la realidad espiritual. No importa lo que usted posea, donde usted vaya, lo que usted haga, nada podrá darle verdadera gratificación aparte de la presencia de Dios. Dinero, viajes, vacaciones, ropa, nuevas oportunidades, nuevos mobiliarios y una nueva casa, casarse y tener hijos pueden ser cosas que nos den cierto grado de felicidad. Pero nunca estaremos permanentemente, consistentemente satisfechos si buscamos cosas para poseer o hacer con la intención de llenar el vacío que está dentro de nosotros. Yo estoy señalando este punto, porque sé que hay muchos creyentes infelices que no tienen el conocimiento de qué hacer acerca de su vida árida e incompleta. Muchos están perdiendo la riqueza del placer que proviene de la relación diaria con el Padre celestial a través del Espíritu Santo. Si esto es cierto en su vida, sea honesto con Dios y ábrale su corazón a Él.

Si queremos realmente tener victoria, usted y yo tenemos que aprender la simple verdad escritural: no tenemos porque no pedimos.

LA PALABRA DE DIOS PARA USTED

Y yo os digo: Pedid, y se os dará; buscad, y hallaréis; llamad, y se os abrirá. Porque todo aquel que pide, recibe; y el que busca, halla; y al que llama, se le abrirá. ¿Qué padre de vosotros, si su hijo le pide pan, le dará una piedra? ¿O si pescado, en lugar de pescado, le dará una serpiente? ¿O si le pide un huevo, le dará un escorpión? Pues si vosotros, siendo malos, sabéis dar buenas dádivas a vuestros hijos, ¿cuánto más vuestro Padre celestial dará el Espíritu Santo a los que se lo pidan?

LUCAS 11:9-13

LLENO DEL ESPÍRITU

Un viernes en la mañana de febrero de 1976, yo estaba conduciendo hacia el trabajo sintiéndome desanimada. Nada en mi vida parecía estar funcionando correctamente, a pesar de mis mejores intentos. De pura frustración y desesperación, clamé a Dios diciéndole que yo no podía continuar por más tiempo con las cosas como estaban. Yo estaba tan espiritualmente hambrienta que estaba preparada para recibir cualquier cosa siempre que supiera que era de Dios. Estaba totalmente abierta para Dios.

Para mi sorpresa, Dios me habló en el auto esa mañana. Él me llamó por mi nombre y me habló sobre la paciencia. Yo sabía con certeza que Dios iba a hacer algo en mi vida a pesar de no saber qué haría o cuándo.

Después del trabajo, estaba situada en una luz roja y sentí mi corazón llenarse de fe acerca de lo que Dios iba a hacer. Comencé a darle gracias por ello, y en ese preciso momento, Jesús me llenó con la presencia del Espíritu Santo en una forma que yo nunca había experimentado. Se sentía como si alguien hubiese vertido sobre mí amor en forma líquida y tuvo un efecto tan profundo sobre mi conducta que la gente comenzó a preguntarme qué me había pasado. Yo estaba en paz, alegre y fácil de tratar, ¡verdaderamente cambiada!

Estamos para buscar a Dios y no la experiencia de otra persona. Él solo decide cómo y exactamente cuándo manifestarse en nuestras vidas.

LA PALABRA DE DIOS PARA USTED

Y habiendo dicho esto, sopló, y les dijo: Recibid el Espíritu Santo.

JUAN 20:22

———————

Y estando juntos, les mandó que no se fueran de Jerusalén, sino que esperasen la promesa del Padre, la cual, les dijo, oísteis de mí. Porque Juan ciertamente bautizó con agua, más vosotros seréis bautizados con el Espíritu Santo dentro de no muchos días. Pero recibiréis poder, cuando haya venido sobre vosotros el Espíritu Santo, y me seréis testigos en Jerusalén, en toda Judea, en Samaria, y hasta lo último de la tierra.

HECHOS 1:4-5, 8

SUMERGIDO
EN EL ESPÍRITU

Antes de Jesús ascender al cielo después después de haber resucitado de entre los muertos (Hechos 1:3), Él reunió a sus discípulos y les dijo que no salieran de Jerusalén, pero que esperaran hasta ser investidos del Espíritu Santo. Estos fueron los mismos discípulos en quienes Jesús sopló y les dijo: "Recibid el Espíritu Santo". Yo creo que ahí fue cuando nacieron de nuevo. Si los discípulos ya habían recibido al Espíritu Santo, ¿por qué se les dijo que esperaran un bautismo del Espíritu Santo?

Cuando nosotros nacemos de nuevo, nosotros tenemos al Espíritu Santo dentro de nosotros. Hechos 1:8 promete que Él en adición viene sobre nosotros con poder para ser testigos de Cristo hasta el final de la tierra. No solo disfrutamos la presencia interna del Espíritu de Dios a través de la salvación, sino que podemos recibir su poder para llenarnos y así demostrar su gloria a la gente perdida que nos rodea.

Una persona puede tener el deseo de hacer algo y no tener el poder para llevarlo a cabo. En mi vida, fue solo cuando fui sumergida en el Espíritu Santo que encontré el verdadero deseo y el poder para hacer la voluntad de Dios. Esa es la diferencia entre hacer y ser.

**Hay menos cantidad de cosas para luchar
cuando recibimos ayuda del divino Ayudador.**

LA PALABRA DE DIOS PARA USTED

Entonces Jesús vino de Galilea a Juan al Jordán, para ser bautizado por él... Y Jesús, después que fue bautizado, subió luego del agua; y he aquí los cielos le fueron abiertos, y vio al Espíritu de Dios que descendía como paloma, y venía sobre él.

MATEO 3:13, 16

———————

Cómo Dios ungió con el Espíritu Santo y con poder a Jesús de Nazaret, y cómo éste anduvo haciendo bienes y sanando a todos los oprimidos por el diablo, porque Dios estaba con él.

HECHOS 10:38

UNGIDO
CON EL ESPÍRITU

A pesar de que Jesús era Dios mismo hecho carne (Juan 1:1-14), Él sabía que tenía que poner a un lado sus privilegios divinos para asumir la condición de siervo y hacerse semejante al hombre (Filipenses 2:6-7). De ese modo demostró los pasos que quiere que nosotros sigamos.

Antes de que el ministerio público de Jesús comenzara, Él fue ungido con el Espíritu Santo y con poder. La descripción del descenso del Espíritu Santo sobre Él indica que el Espíritu se quedó permanentemente con Él (Juan 1:32).

El que el Espíritu Santo residiera con Jesús es significativo, porque en el antiguo pacto el Espíritu venía sobre personas con tareas específicas, pero no residía en ellos. Después del Espíritu descender, Jesús fue guiado por el Espíritu al desierto para ser tentado por el diablo, y pasó cada prueba. Entonces fue que comenzó su ministerio de predicación, que incluía milagros y otros hechos maravillosos empoderados por el Espíritu Santo.

Cuando usted está lleno del Espíritu Santo, usted está equipado para el servicio en el reino de Dios. Usted recibe el poder que lo empodera para hacer lo que Dios quiere que haga.

Si Jesús necesitó ser bautizado por el Espíritu Santo, ¿no necesitaremos nosotros lo mismo?

LA PALABRA DE DIOS PARA USTED

Y cayendo en tierra, oyó una voz que le decía: Saulo, Saulo, ¿por qué me persigues? Él dijo: ¿Quién eres, Señor? Y le dijo: Yo soy Jesús, a quien tú persigues; dura cosa te es dar coces contra el aguijón. Él, temblando y temeroso, dijo: Señor, ¿qué quieres que yo haga? Y el Señor le dijo: Levántate y entra en la ciudad, y se te dirá lo que debes hacer.

HECHOS 9:4-6

Fue entonces Ananías y entró en la casa, y poniendo sobre él las manos, dijo: Hermano Saulo, el Señor Jesús, que se te apareció en el camino por donde venías, me ha enviado para que recibas la vista y seas lleno del Espíritu Santo.

HECHOS 9:17

LA TRANSFORMACIÓN
DE PABLO

Muchos dicen que los creyentes nunca recibirán todo lo que necesitan cuando reciben a Cristo como su Salvador. Ese puede ser el caso con algunos creyentes, pero no con todos. Las personas son diferentes y tienen experiencias diferentes. No estoy negando que algunos nacen de nuevo y son llenos del Espíritu Santo al momento; pero otros no, y Pablo fue uno de ellos.

Cuando Pablo (formalmente llamado Saulo) se encontró con el Cristo glorificado en el camino a Damasco (Hechos 9), él iba persiguiendo cristianos al mismo tiempo, creyendo que estaba haciéndole a Dios un servicio. Ese fue el momento de la conversión de Pablo, cuando se rindió y llamó a Jesús "Señor" y obedeció sus instrucciones.

Tres días después, el Señor le habló en visión a un discípulo llamado Ananías para que fuera y orara por Pablo. A pesar de la maldad que Pablo había hecho, a Ananías se le dijo que Pablo había sido escogido como instrumento para llevar el evangelio a los gentiles y descendientes de Israel. Cuando Ananías puso sus manos sobre Pablo, los ojos de Pablo fueron abiertos y fue lleno del Espíritu Santo, y entonces fue bautizado en las aguas. Decir que su vida cambió para siempre en ese momento es una atenuación.

**Si el apóstol Pablo necesitó ser
lleno del Espíritu Santo, ¿no
necesitamos nosotros lo mismo?**

LA PALABRA DE DIOS
PARA USTED

*Y de conocer el amor de Cristo, que
excede a todo conocimiento, para que
seáis llenos de toda la plenitud de Dios.*

EFESIOS 3:19

RECIBIR EL
ESPÍRITU SANTO

Me he centrado en el bautismo del Espíritu Santo porque es su clave personal para el poder espiritual. Leer toda esta información será de muy poco valor a menos que usted reciba el Espíritu Santo en su vida. El poder espiritual es un concepto vacío si lo separa de Él.

Para ser llenos del Espíritu, debemos primero tener un deseo. Yo creo que Dios, a menudo, no responde nuestros primeros gritos, porque Él quiere que estemos lo suficientemente desesperados para estar totalmente abiertos a lo que Él quiere hacer en nuestra vida. Si usted está verdaderamente hambriento por más de Dios en su vida, usted es un candidato para el bautismo del Espíritu.

Recibir el Espíritu Santo en nuestra vida es algo santo, para ser reverenciado y hasta temido de una manera respetuosa. Dios no nos dotó con su poder solo por diversión y juegos. Él es un Dios de propósito y todo lo que Él hace en nuestra vida es con un propósito. Encontrar el propósito de Dios y permitirle a Él que nos equipe debe ser la búsqueda primaria en nuestras vidas.

Si usted tiene este deseo santo, Dios lo encontrará donde usted está. Abra la puerta de su corazón estirando su fe hacia Dios. Humíllese y esté preparado para obedecer todo lo que Dios le pida.

Responda ese llamado en la puerta de su corazón y permítale al Espíritu Santo que entre en su vida en toda su plenitud.

LA PALABRA DE DIOS PARA USTED

No tienen, porque no piden.

SANTIAGO 4:2, NVI

PIDA Y RECIBA

Si ha leído hasta aquí, ahora es el momento de pedir. Recuerde, el Espíritu Santo lo llenará, pero solo si usted le invita a hacerlo (Lucas 11:13). Acérquese confiadamente y pida. Pida totalmente esperando recibir. No sea de doble ánimo. No escuche la duda. Pida en fe. Crea que va a recibir y recibirá. Dios no es hombre para mentir. Él es fiel para cumplir su Palabra.

Tuve una experiencia definitiva de sentir el Espíritu verterse sobre mí. Desde entonces, he ministrado el bautismo del Espíritu Santo literalmente a miles de personas, y he visto personas reaccionar en todas maneras. Algunas personas no sienten nada. Nuestra experiencia no puede basarse en sentimientos, sino más bien en la fe.

Aquí está una oración que usted podría usar: "Padre, en el nombre de Jesús, te pido que me bautices en el poder del Espíritu Santo con la evidencia de hablar en lenguas. Concédeme audacia como lo hiciste con los que fueron llenos en el día de Pentecostés y dame otros dones que deseas que tenga. Amén".

Espere en Dios en silencio y crea que está recibiendo. No trate de hacer que algo suceda. Deje que Dios ministre a su espíritu. Para hablar en lenguas, abra su boca y como el Espíritu le dirija, hable lo que usted escucha que viene de su espíritu. Entréguese totalmente al Señor y confié en Él como nunca antes.

LA PALABRA DE DIOS PARA USTED

Cuando llegó el día de Pentecostés, estaban todos unánimes juntos. Y de repente vino del cielo un estruendo como de un viento recio que soplaba, el cual llenó toda la casa donde estaban sentados; y se les aparecieron lenguas repartidas, como de fuego, asentándose sobre cada uno de ellos. Y fueron todos llenos del Espíritu Santo, y comenzaron a hablar en otras lenguas, según el Espíritu les daba que hablasen.

HECHOS 2:1-4

EVIDENCIAS
DEL BAUTISMO

Las evidencias más importantes de una vida llena del Espíritu son un cambio de carácter y el desarrollo del fruto del Espíritu Santo. El hombre es bautizado por el Espíritu Santo para que pueda vivir totalmente para Dios. El hablar en lenguas fue una de las evidencias en Pentecostés, pero la más importante evidencia fue y siempre será, hombres y mujeres transformados por el poder del Espíritu Santo.

El bautismo del Espíritu cambió a Pedro de repente, de un hombre temeroso a un hombre de increíble audacia. Transformó a todos los discípulos de Jesús. Ya hemos visto su efecto en la vida de Pablo. Me cambió a mí y sigue cambiando a quienes le buscan en todo el mundo.

Hablar en lenguas es otra evidencia, y es un regalo muy valioso. Yo creo que el primer derramamiento en el día de Pentecostés es un patrón para la iglesia seguir, y todos ellos hablaron en otras lenguas. Yo creo que muchas personas son bautizadas con el Espíritu Santo y no hablan en lenguas. No creo que sea porque no pueden, sino porque han sido enseñados a no hacerlo o a lo mejor no quieren tener el estigma que ha sido desafortunadamente ligado a este regalo. Yo le ruego que no tenga miedo de los buenos dones de Dios.

**El poder externo solamente viene de
pureza interna que nos transforma
en nuevos hombres y mujeres.**

VIDA EN
EL ESPÍRITU

*Si usted verdaderamente quiere experimentar
la vida del Espíritu como Dios la intencionó,
entonces debe continuamente abrirle
cada área de su corazón para que Él
continúe transformándole con su poder.*

LA PALABRA DE DIOS PARA USTED

Lo cual también hablamos, no con palabras enseñadas por sabiduría humana, sino con las que enseña el Espíritu, acomodando lo espiritual a lo espiritual.

1 CORINTIOS 2:13

CUATRO
VIDA EN EL ESPÍRITU

Yo fui enseñada que el bautismo en el Espíritu Santo, hablar en lenguas y otros dones del Espíritu, y señales y maravillas habían muerto con la Iglesia primitiva. Tristemente así fue, pero esa nunca fue la voluntad ni la intención de Dios. Él siempre ha tenido un remanente de personas en algún lugar de la tierra que todavía creen en todo lo que la Biblia enseña y ha sido a través de ese remanente que Él ha mantenido la verdad viva.

Si usted ha sido una de esas personas que no ha creído en estas cosas, por favor, lea y examine por sí mismo la Palabra de Dios. Mucha gente es temerosa de las cosas que no entienden. Nosotros no entendemos el ámbito sobrenatural, sin embargo, fuimos creados por Dios de tal manera que tenemos hambre de ello. Todos tenemos un interés por lo sobrenatural y si nuestras necesidades no son encontradas en Dios, Satanás intentará darnos una falsificación.

Dios me dio una grandiosa experiencia con el bautismo del Espíritu Santo y fui llena sobreabundantemente. Eso fue hace más de treinta años, y desde entonces nunca jamás fui la misma. Dios hará lo mismo por usted si usted se lo pide.

**La vida en el Espíritu le traerá una relación
más íntima y cercana con Dios de la que
usted jamás haya conocido antes.**

LA PALABRA DE DIOS PARA USTED

Y después de esto derramaré mi Espíritu sobre toda carne, y profetizarán vuestros hijos y vuestras hijas; vuestros ancianos soñarán sueños, y vuestros jóvenes verán visiones. Y también sobre los siervos y sobre las siervas derramaré mi Espíritu en aquellos días.

JOEL 2:28-29

VIDA BAJO UN
NUEVO PACTO

El Antiguo Pacto era un pacto de obras, basado en hacer
todo por nosotros mismos, luchando y obrando para ser acep-
tados por Dios. Nos dejó atrapados en las obras de la carne.
Esa clase de pacto roba nuestro gozo y paz.

Pero recuerde que el Nuevo Pacto es un pacto de gracia,
que no está basado en lo que nosotros hacemos, sino en lo que
Cristo hizo por nosotros. Por lo tanto, somos justificados por
nuestra fe, no por nuestras obras. Eso es maravilloso, porque
quita la presión de nosotros de tener que estar actuando. Podemos renunciar a nuestros esfuerzos externos y dejar a Dios
trabajar a través de nosotros por el poder de su Santo Espíritu
en nosotros.

En resumidas cuentas, el Antiguo Pacto nos trae esclavitud; el Nuevo Pacto nos trae libertad. La llenura del Espíritu Santo es diferente de cualquier cosa que experimentemos,
nos permite ser lo que estamos supuestos a ser para Dios y
entonces hacer lo que tenemos que hacer. La vida en el Espíritu es una jornada grandiosa de vivir en la presencia de Dios
y estar satisfechos con Dios mismo.

**Dios quiere brindarle un refrigerio a su
vida, como un poderoso viento. No sea
golpeado por la pobreza en su alma cuando
la respuesta vive dentro de usted.**

LA PALABRA DE DIOS PARA USTED

Porque por gracia sois salvos por medio de la fe; y esto no de vosotros, pues es don de Dios; no por obras, para que nadie se gloríe.

EFESIOS 2:8-9

EL ESPÍRITU
DE GRACIA

Hebreos 10:29 nos dice que es el Espíritu Santo quien imparte gracia (el favor inmerecido de Dios).

Gracia es el poder del Espíritu Santo disponible para usted para hacer lo que no puede hacer luchando por sí solo. Pero primero es el poder que lo empodera para ser justo delante de Dios, para que pueda ser su casa, la morada del Espíritu Santo. Con el Espíritu Santo dentro de usted, puede ricamente aprovechar el poder del Espíritu de gracia para hacer lo que no puede hacer luchando con su propia fuerza.

El Espíritu Santo nos ministra la gracia de Dios el Padre. Gracia es actualmente el poder del Espíritu Santo fluyendo del trono de Dios hacia las personas para salvarlas y capacitarlas para vivir vidas santas y cumplir con la voluntad de Dios.

No hay vida de gozo si no hay gracia. Con la gracia de Dios, la vida puede ser vivida con facilidad y sin esfuerzo que produce una abundancia de paz y gozo.

Cuando Dios hace los cambios, Dios recibe la gloria. Él no dejará que nosotros hagamos los cambios. Nosotros simplemente necesitamos pedirle que Él nos cambie y dejar que su gracia haga el trabajo.

LA PALABRA DE DIOS PARA USTED

Si sois vituperados por el nombre de Cristo, sois bienaventurados, porque el glorioso Espíritu de Dios reposa sobre vosotros. Ciertamente, de parte de ellos, él es blasfemado, pero por vosotros es glorificado.

1 PEDRO 4:14

EL ESPÍRITU
DE GLORIA

Pedro afirmó que el Espíritu de Dios, el Espíritu de gloria reposa en nosotros cuando se nos reprocha por el nombre de Cristo. Pensamos que es horrible cuando la gente nos trata mal porque somos cristianos, pero Dios ve eso en una luz enteramente diferente. Dios nunca espera que nosotros suframos por Él sin su ayuda. Podemos creer firmemente que cada vez que somos reprochados o maltratados en alguna manera por causa de nuestra fe en Cristo, Dios nos da una medida extra de su Espíritu para contrarrestar el ataque. Hay poder para vencer.

Cuando tenemos el Espíritu de Dios en nuestras vidas, podemos atravesar circunstancias difíciles y conservar nuestra paz y gozo. Así como Sadrac, Mesac y Abed-nego en Daniel 3:21-27, podemos entrar en el horno de fuego, o en problemas y luchas, y salir sin siquiera con olor de humo en nosotros.

Porque el poder de su bondad hacia usted es visualmente evidente para ellos. Dios desea "asombrarlo" a usted y más a ellos.

Dele la bienvenida al espíritu de gloria en su vida y póngase animoso para ver la gloria de Dios sobre usted en las circunstancias difíciles de su vida.

LA PALABRA DE DIOS PARA USTED

Así también está escrito: Fue hecho el primer hombre Adán alma viviente; el postrer Adán, espíritu vivificante. Mas lo espiritual no es primero, sino lo animal; luego lo espiritual. El primer hombre es de la tierra, terrenal; el segundo hombre, que es el Señor, es del cielo. Cual el terrenal, tales también los terrenales; y cual el celestial, tales también los celestiales. Y así como hemos traído la imagen del terrenal, traeremos también la imagen del celestial.

1 CORINTIOS 15:45-49

EL ESPÍRITU
DE VIDA

Cuando Dios creó a Adán, yacía en el suelo un cuerpo sin vida hasta que Dios sopló en él aliento de vida y él vino a ser un alma viviente. Primera de Corintios 15:45 (NVI) dice: "El primer hombre, Adán, se convirtió en un ser viviente". Adán caminó al lado de Dios, habló con Él y creyó en Él. Ese verso continúa diciendo que Cristo, "el último Adán, en el Espíritu que da vida". Dios nos da vida física primero, y luego una espiritual. Este renacimiento espiritual es dado a aquellos que ponen su confianza en Dios, creyendo que Jesús pagó el precio por el pecado y murió por aquellos que sinceramente se arrepienten de sus pecados, cambiando sus mentes para lo mejor, y enmendando sus caminos.

Cuando aceptamos a Cristo como nuestro Salvador, el Espíritu de vida viene a morar en nosotros, y somos vivificados en nuestro espíritu. Él ha venido para que experimentemos una vida llena del poder del Espíritu de Dios, o la vida de mente celestial como Jesús la vivió.

Jesús es la Luz del mundo, y su Espíritu es el Espíritu de vida que absorbe la muerte y a todo lo que trata de derrotarnos.

LOS SECRETOS **DEL** *poder espiritual*

LA PALABRA DE DIOS PARA USTED

*Pero cuando venga el Espíritu de verdad,
él os guiará a toda la verdad; porque no
hablará por su propia cuenta, sino que
hablará todo lo que oyere, y os hará
saber las cosas que habrán de venir.*

JUAN 16:13

EL ESPÍRITU
DE VERDAD

En Juan 16:13, Jesús mismo se refirió al Espíritu Santo como el Espíritu de verdad. El Espíritu Santo fue enviado para guiarnos a toda verdad, después de Jesús partir al cielo, después de su muerte, entierro y resurrección. En el verso que antecede, Jesús les dijo a sus discípulos: "Aún tengo muchas cosas que deciros, pero ahora no las podéis sobrellevar". Él les dijo que el Espíritu Santo continuaría revelándoles cosas a ellos en la medida en que ellos estuvieran preparados para recibirlas.

En el día de hoy vivimos en un mundo lleno de personas que viven vidas falsas, que usan máscaras de pretensión para esconder cosas. Eso está mal, pero la razón por la cual eso sucede es que esas personas no han sido enseñadas a andar en la verdad. Usted no tiene por qué tener miedo a la verdad. Dios no traerá revelación a usted por su Espíritu hasta que Él sepa que usted está preparado.

Cuando el Espíritu de verdad nos convence de pecado, tenemos que convertir esa palabra hacia Él y depender de Él para que nos dé el poder para cambiar. La llave hacia la santidad no es poder para hacer, sino poder para vivir.

Si usted es lo suficientemente valiente y lo suficientemente sabio para darle la bienvenida al Espíritu de Verdad en cada área de su vida, entrará en una jornada que nunca olvidará.

LA PALABRA DE DIOS PARA USTED

Y de igual manera el Espíritu nos ayuda en nuestra debilidad; pues qué hemos de pedir como conviene, no lo sabemos, pero el Espíritu mismo intercede por nosotros con gemidos indecibles. Mas el que escudriña los corazones sabe cuál es la intención del Espíritu, porque conforme a la voluntad de Dios intercede por los santos.

ROMANOS 8:26-27

EL ESPÍRITU
DE SÚPLICA

De acuerdo a Zacarías 12:10, el Espíritu Santo es el Espíritu de súplica. Eso significa que Él es el Espíritu de oración. Cada vez que nosotros sentimos el deseo de orar, es el Espíritu Santo dándonos ese deseo. Nosotros no realizamos con cuánta frecuencia el Espíritu Santo nos dirige a orar. A lo mejor se pregunta por qué tiene a ciertas personas o situaciones en su mente muchas veces. Frecuentemente pensamos en alguien, y en vez de orar seguimos pensando.

Reconocer cuando estamos siendo dirigidos por el Espíritu Santo a orar es a menudo una lección que toma tiempo para aprender. Esto es porque atribuimos ahora tantas cosas a la coincidencia o casualidad en vez de darnos cuenta que es Dios intentando dirigirnos por su Espíritu.

Cuando Dios nos da una carga para orar por alguien, Él quiere usarnos como sus ministros y representantes, pero debemos aprender a ser más sensibles al Espíritu de súplica.

Dele la bienvenida al Espíritu de súplica en su vida y permítale al ministerio de oración cumplirse a través de usted. Es absolutamente maravilloso ver las cosas milagrosas que se producen en respuesta a la oración.

LA PALABRA DE DIOS PARA USTED

Pues no habéis recibido el espíritu de esclavitud para estar otra vez en temor, sino que habéis recibido el espíritu de adopción, por el cual clamamos: ¡Abba, Padre!

ROMANOS 8:15

Pero Dios, que es rico en misericordia, por su gran amor con que nos amó, aún estando nosotros muertos en pecados, nos dio vida juntamente con Cristo (por gracia sois salvos)…

EFESIOS 2:4-5

EL ESPÍRITU
DE ADOPCIÓN

El apóstol Pablo nos enseña que el Espíritu Santo es el Espíritu de adopción. La palabra *adopción* significa que hemos sido traídos a la familia de Dios, a pesar de que previamente éramos forasteros, sin ninguna forma de relación con Dios. Éramos pecadores sirviendo a Satanás, pero Dios en su gran misericordia nos redimió y compró con la sangre de su propio Hijo.

Nosotros entendemos adopción en el sentido natural. Sabemos que algunos niños sin padres son adoptados por personas que con propósito los escogen y los toman como propios. Qué honor el ser escogidos a propósito por aquellos que quieren depositar su amor sobre ellos.

Esto fue exactamente lo que Dios hizo por nosotros como creyentes en Cristo. Porque por lo que Jesús hizo por nosotros en la cruz, ahora somos eternamente parte de su familia, y su Espíritu habita en nuestro espíritu y clama al Padre. Dios el Padre decidió desde antes de que la fundación del mundo fuera establecida que cualquiera que amara a Cristo sería amado y aceptado por Él como su hijo. Él decidió que adoptaría a todos los que aceptaran a Jesús como su Salvador. Vinimos a ser herederos de Dios y coherederos con su Hijo, Jesucristo.

**Es el conocimiento de nuestra relación
de familia con Dios lo que nos da
audacia para ir frente a su trono y
dejarle saber nuestras peticiones.**

LA PALABRA DE DIOS PARA USTED

...que fue declarado Hijo de Dios con poder, según el Espíritu de santidad, por la resurrección de entre los muertos,...

ROMANOS 1:4

EL ESPÍRITU DE SANTIDAD

El Espíritu de Dios es llamado así porque Él es la santidad de Dios y porque su tarea es trabajar esa santidad en todos aquellos que creen en Jesucristo como Salvador.

En 1 de Pedro 1:15-16, se nos dice: "…sino, como aquel que os llamó es santo, sed también vosotros santos en toda vuestra manera de vivir; porque escrito está: Sed santos, porque yo soy santo". Dios nunca nos pediría ser santos si Él no nos proveyera la ayuda para que podamos serlo. Un espíritu impío no nos puede hacer santos, así que Dios envió a su Espíritu Santo a nuestros corazones para hacer una obra total y completa en nosotros. El Espíritu Santo continuará trabajando en nosotros durante todo el tiempo que estemos en la tierra. Dios odia el pecado, y cada vez que Él lo encuentra en nosotros Él trabaja rápido para limpiarnos.

El Espíritu Santo es también el Espíritu de juicio y fuego, el cual está relacionado con su ser, el Espíritu de santidad. Él juzga el pecado en nosotros y lo quema fuera de nosotros. Eso no es un trabajo placentero, por lo que nuestros sentimientos se preocupan, pero eventualmente nos lleva al estado que Dios quiere que estemos para que lo glorifiquemos a Él.

No sea un cristiano que compromete un pie en el mundo y otro en el reino de Dios. Más bien manténgase en fuego para Dios, permitiéndole al Espíritu de santidad refinarlo a usted como oro puro.

CAMBIADOS
A SU IMAGEN

Debemos ser epístolas vivientes, leídas por todos los hombres. Debemos ser luces que iluminen este mundo obscuro. Para poder hacer esto, tenemos que ser personas de integridad, personas de carácter, personas moldeadas a la imagen de Jesús.

LA PALABRA DE DIOS PARA USTED

Entonces dijo Dios: Hagamos al hombre a nuestra imagen, conforme a nuestra semejanza; y señoree en los peces del mar, en las aves de los cielos, en las bestias, en toda la tierra, y en todo animal que se arrastra sobre la tierra.

GÉNESIS 1:26

Hijitos míos, por quienes vuelvo a sufrir dolores de parto, hasta que Cristo sea formado en vosotros...

GÁLATAS 4:19

CINCO
CAMBIADOS
A SU IMAGEN

Cuando Dios dijo: "Hagamos al hombre a nuestra imagen", esa imagen no se refería a su semejanza física, sino a su carácter. Él quería decir que íbamos a tomar de su naturaleza, su carácter, como la que refleja su Hijo Jesucristo. Es a tal grado que somos transformados a su imagen y semejanza que el poder espiritual fluye en y a través de nuestras vidas hacia el mundo que nos rodea.

La meta más grande de todo creyente debe ser parecerse a Cristo. Es nuestro más alto llamado en la vida. Debemos desear el poder espiritual dentro de nosotros para manejar cualquier situación como Cristo lo haría y tratar a las personas como Cristo las trataría. Deberíamos desear hacer las cosas como Él las haría.

Jesús es nuestro ejemplo. En Juan 13:15, Él le dijo a sus discípulos, después de lavarle los pies como siervo: "Les he puesto el ejemplo, para que hagan lo mismo que yo he hecho con ustedes" (NVI). Pedro nos dice en 1 Pedro 2:21: "Para esto fueron llamados, porque Cristo sufrió por ustedes, dándoles ejemplo para que sigan sus pasos" (NVI).

Dios va a seguir tratando con cada uno de nosotros, hasta que lleguemos al lugar en que actuemos de la forma en que Jesús actuaría en cada situación de la vida.

LA PALABRA DE DIOS PARA USTED

Estando persuadido de esto, que el que comenzó en ustedes la buena obra, la perfeccionará hasta el día de Jesucristo;

FILIPENSES 1:6

MOLDEADOS
A SU IMAGEN

De acuerdo a la Biblia, Dios es el Alfarero y nosotros somos el barro (Romanos 9:20-21). Somos como un montón de arcilla inflexible, dura y fría, difícil de trabajar. Pero Él nos pone en su rueda y comienza a rehacernos, porque no le gusta aquello en lo que nos convertimos.

Algunas veces el proceso de ser moldeados es muy doloroso para nosotros. La razón por la que duele tanto es porque no encajamos en la forma en cómo Dios nos está moldeando. Así que, Dios continúa trabajando y trabajando en nosotros, removiendo esas malas actitudes y esas incorrectas mentalidades que tenemos, quitándolas cuidadosamente y rehaciéndonos gradualmente hasta que nos parezcamos a la imagen de su Hijo.

No se sienta desalentado con usted mismo si no ha llegado ahí todavía. Usted puede caminar en poder espiritual, siempre y cuando mantenga una actitud de perseverancia. En la medida en que usted haga lo mejor para cooperar con Dios, Él se agrada de usted. Disfrute su vida en el Espíritu ahora mismo en el camino hacia donde Dios lo está conformando. Deje al Alfarero hacer su trabajo de transformarlo de gloria en gloria.

Dios no desea que nos convirtamos en un molde; Él quiere que seamos moldeados. Moldeados a la imagen de su Hijo. Recuerde, Dios estará dándonos forma hasta el retorno de su Hijo Jesús a esta tierra.

LA PALABRA DE DIOS PARA USTED

Y no sólo esto, sino que también nos gloriamos en las tribulaciones, sabiendo que la tribulación produce paciencia; y la paciencia, prueba; y la prueba, esperanza; y la esperanza no avergüenza; porque el amor de Dios ha sido derramado en nuestros corazones por el Espíritu Santo que nos fue dado.

ROMANOS 5:3-5

DESARROLLO
DEL CARÁCTER

Dios desea conformar nuestro carácter a la piedad. El hábito se trata de hecho de carácter. Los hábitos se forman por disciplina o por falta de ella. Nuestro carácter es básicamente lo que hacemos una y otra vez. Es lo que otros esperan acerca de nosotros, tal como estar a tiempo, o la forma en cómo nosotros respondemos a ciertas circunstancias. Ellos saben si pueden contar o no con nosotros en esas áreas. Con el tiempo, los hábitos se convierten en parte de nuestro carácter.

No debemos volvernos legalistas acerca de nuestros problemas de carácter, pero si necesitamos hacer un esfuerzo en desarrollar nuevos hábitos en aquellas áreas donde sabemos que tenemos problemas. Los cambios en el carácter se logran adquiriendo nuevos hábitos. Debemos de comprometernos en cambiar esos hábitos defectuosos cada vez que nos confrontemos con ellos.

El carácter piadoso tiene mucho que ver con la disciplina y los hábitos que formamos. Así como usted puede desarrollar el hábito de llegar a tiempo, puede igual desarrollar el hábito de escuchar o de dar a otras personas. Usted puede escoger ser bueno y amable, ya sea para reducir gastos, cuidar sus palabras, orar y dar gracias. Todo se trata de ser conformados a la imagen de Cristo.

**El poder de Dios fluye a través de gente
fiel, aquellos que son fieles tanto en el
desierto como en la tierra prometida.**

LA PALABRA DE DIOS PARA USTED

*El cual no hizo pecado, ni se halló engaño
en su boca; quien cuando le maldecían,
no respondía con maldición; cuando
padecía, no amenazaba, sino encomendaba
la causa al que juzga justamente;...*

1 PEDRO 2:22-23

CARISMA NO
ES CARÁCTER

De acuerdo al Diccionario Webster, una de las definiciones de *carisma* es "gran magnetismo personal: ENCANTO", pero *carácter* es "fuerza moral o ética: INTEGRIDAD". Hay gran cantidad de gente que tiene carisma, pero no carácter. Algunas personas tienen dones encantadores que los pueden llevar a lugares donde su carácter no los puede mantener. Vemos eso todo el tiempo en el mundo y en la iglesia.

Nuestro carácter es revelado por lo que hacemos cuando nadie nos ve. Esto fue un problema clave en mi vida y es una llave para caminar en poder espiritual con Dios. Muchas personas harían lo correcto si alguien les estuviera mirando, pero no harían lo correcto si no hubiera nadie mirando, sino Dios. Como cristianos, nuestro compromiso debería ser: "Voy a ser lo correcto, porque es lo correcto".

Carácter se trata también cuando hacemos lo correcto hacia otros, aunque lo correcto no se nos haya sido concedido a nosotros. Como fue demostrado por Cristo, una prueba de nuestro carácter es, ¿trataremos bien a quien no nos trata bien? ¿Bendeciremos a quien no nos bendice? Todo se resume en lo que hay en nuestro corazón, si confiamos en Él, que juzga justamente.

**Nuestro carácter se ve en la fortaleza
que tenemos para hacer lo correcto
aun cuando no lo deseamos hacer.**

LA PALABRA DE DIOS PARA USTED

La integridad de los rectos los encaminará; Pero destruirá a los pecadores la perversidad de ellos.

PROVERBIOS 11:3

Levántate, resplandece; porque ha venido tu luz, y la gloria de Jehová ha nacido sobre ti. Porque he aquí que tinieblas cubrirán la tierra, y oscuridad las naciones; mas sobre ti amanecerá Jehová, y sobre ti será vista su gloria.

ISAÍAS 60:1-2

INTEGRIDAD
PERSONAL

Vivimos en una sociedad que ha perdido tanto el sentido de los valores morales que la decencia común ni siquiera es practicada. Nuestro mundo ya no honra a Dios, mucho menos se preocupa por la integridad. Ya sea que se trate de hacer trampa o de cometer fraude o hablar medias verdades y exageraciones que lleven a otros a creer algo que no es verdad, nuestra cultura está saturada con las mentiras del enemigo.

Como creyentes, vivimos en el mundo, pero no somos del mundo (Juan 17:11, 14). Si queremos caminar en poder espiritual, no podemos comprometer nuestra integridad y actuar como el mundo actúa. La *integridad* es "una firme adherencia a un código de estándar de valores". Nuestro código es la Palabra de Dios. Hay ciertas cosas que no pensaríamos hacer, pero hay muchos compromisos, aun en la vida de la gente de Dios. Hay cosas que hacemos, que Jesús no haría, y Él es nuestro estándar de integridad.

Integridad es estar comprometido a vivir una vida de excelencia, así como nuestro Dios es excelente. Es hacer lo correcto todo el tiempo, no importando cuánto nos cueste.

**En el cuerpo de Cristo, debemos
evitar el tener hojas sin el fruto (Mateo
21:9) – falsificando la espiritualidad,
palabras vacías y fórmulas sin vida.**

LA PALABRA DE DIOS
PARA USTED

*Apártate del mal, y haz el bien;
Busca la paz, y síguela.*

SALMO 34:14

EL PODER DE LA PAZ

David nos enseñó a buscar la paz, a implorarla e ir tras ella. Si queremos estar en el fluir del poder de Dios, nunca va a pasar si estamos continuamente frustrados y ansiosos en nuestra vida. Si eso es cierto, necesita remover algunas cosas de su vida.

Si usted quiere que la paz de Dios permee su vida, no puede exceder sus límites. Nadie dice que usted tiene que hacer todo lo que está haciendo, empiece por mirar su vida, descubra cuáles son los compromisos que no están dando fruto, y pódelos. Usted es quien hace su agenda, y usted es el único que puede cambiarla.

Es muy importante no comprometerse demasiado. Usted tiene que seguir la dirección de Dios como en aquello que usted está involucrado y dónde pone su energía. Eso incluye compromisos con sus niños. Los niños no tienen que hacer todo lo que ellos quieren, y no se debe permitir que le controlen a usted o a su familia.

Satanás trabajará horas extras para hacernos perder nuestra paz y sacarnos de nuestra fe. Repose en la seguridad de que Dios está con nosotros en todo lo que enfrentamos.

Debemos aprender a decir sí cuando Dios dice sí y no cuando Dios dice no. Solo cuando somos obedientes a su dirección, podremos caminar en poder espiritual.

LA PALABRA DE DIOS
PARA USTED

*Por lo cual, desechando toda inmundicia
y abundancia de malicia, recibid con
mansedumbre la palabra implantada, la
cual puede salvar vuestras almas.*

SANTIAGO 1:21

———

*Porque la palabra de Dios es viva y eficaz, y
más cortante que toda espada de dos filos;
y penetra hasta partir el alma y el espíritu,
las coyunturas y los tuétanos, y discierne los
pensamientos y las intenciones del corazón.*

HEBREOS 4:12

EL PODER EN
LA PALABRA

Una vez la persona es llena del Espíritu Santo, Dios no ha terminado con ella. Apenas está comenzando. La herramienta que el Espíritu Santo utiliza para traer transformación en nuestro carácter es la Palabra de Dios.

El trabajo del diablo en la vida de los creyentes está basado en engaños que son el resultado cuando se creen las mentiras. Mientras crea lo incorrecto, permanece engañado e impotente. Cuando la Palabra de la verdad de Dios descubre esas mentiras, la verdad nos hace libres.

Solo la Palabra de Dios tiene este poder y solo Dios nos puede cambiar. La Palabra expone motivos equivocados, pensamientos equivocados y palabras equivocadas. La verdad puede liberarnos de culpa, de autorechazo, de condenación, odio hacia uno mismo, obras de la carne y toda mentira que hemos comprado y traído a nuestras vidas. Dios está para salvar y liberar toda nuestra alma de la corrupción.

Una espada en la vaina no tiene valor. Debe ser empuñada y usada de manera apropiada. La Palabra de Dios es la espada del creyente, y debemos aprender a usarla diariamente, llevándola a lo profundo del corazón y hablándola por nuestra boca. El creyente que hace esto es una gran amenaza para Satanás y una fuerza motriz para Dios.

**Ame la Palabra, estudie la
Palabra, aprenda la Palabra.**

LA PALABRA DE DIOS PARA USTED

*Por esto orará a ti todo santo en el
tiempo en que puedas ser hallado;
Ciertamente en la inundación de
muchas aguas no llegarán éstas a él.*

SALMO 32:6

---

*El que habita al abrigo del Altísimo
Morará bajo la sombra del Omnipotente.*

SALMO 91:1

EL PODER EN
LA ORACIÓN

Es simple: Si usted no pasa tiempo con Dios, se está desconectando a sí mismo de su poder. David nos dice que es en el lugar secreto de la presencia de Dios donde estamos protegidos. Cuando pasamos tiempo con el Señor en oración y en su Palabra, estamos en el lugar secreto. Es el lugar de paz y seguridad donde le entregamos a Él nuestras preocupaciones y confiamos en Él para cuidar de nosotros.

Realmente necesitamos entender lo maravilloso de la presencia de Dios y lo que está disponible para nosotros como creyentes. ¿Por qué no habríamos de querer pasar tiempo con Dios? Incluso Jesús se levantaba por la mañana para estar a solas con Dios. Él sabía el valor de estar en la presencia de Dios.

Solo dedíquele una porción de su tiempo para estar con Dios. Trate de no ser legalista con eso, pero sí trate de ser lo más regular que pueda. Tome tiempo para leer la Biblia y cualquier otro libro cristiano que le ministre. Hable con Dios. Algunas veces deseará escuchar música cristiana y adoración. Otras veces deseará solo estar sentado y disfrutar el silencio. Abra su corazón y permita su presencia en su vida.

Pasar tiempo en el lugar secreto de su presencia le cambiará de lo que usted es a lo que solo Él puede hacer que usted sea.

LA PALABRA DE DIOS PARA USTED

Jehová el Señor me dio lengua de sabios, para saber hablar palabras al cansado; despertará mañana tras mañana, despertará mi oído para que oiga como los sabios.

ISAÍAS 50:4

EL PODER EN
LAS PALABRAS

Las palabras son impresionantes. Las palabras son contenedores de poder. Dios creó la tierra con sus palabras (Hebreos 11:3). El Espíritu Santo cambia las vidas con palabras. La gente es animada o derrotada por las palabras. Los matrimonios se separan porque la gente no dice las palabras correctas.

Jesús dijo que sus palabras son espíritu, y son vida (Juan 6:63). Pero también las palabras pueden traerle muerte cuando habla palabras que le imparten pesadumbre.

Necesitamos aprender a usar nuestra boca para el propósito intencionado de Dios. Él nos la dio para amar a la gente a través de nuestras palabras alentadoras, positivas y vivificantes. Él nos la dio para darle a Él alabanzas y gracias. Hablarle las correctas palabras a una persona en el momento correcto puede cambiar totalmente su vida. Las palabras son poderosas.

Es por esto que conocer la Palabra de Dios es tan importante. Necesitamos estudiarla, aprenderla y luego hablarla de acuerdo a nuestras situaciones y necesidades. Por ejemplo, si usted se siente deprimido, no diga: "Estoy deprimido". Agárrese de la Palabra de Dios y diga: "¿Por qué te abates, oh alma mía?...Espera en Dios" (Salmo 42:5). Estará absolutamente sorprendido como su vida cambiará si cambia su manera de hablar.

**Elija ser portavoz de Dios y
ciérrele la puerta al diablo.**

Dar el fruto del espíritu

La gran responsabilidad conectada al cristianismo es caminar en integridad, para "hacer lo que uno predica", aun cuando nadie se da cuenta.

LA PALABRA DE DIOS PARA USTED

Guardaos de los falsos profetas, que vienen a vosotros con vestidos de ovejas, pero por dentro son lobos rapaces. Por sus frutos los conoceréis. ¿Acaso se recogen uvas de los espinos, o higos de los abrojos? Así, todo buen árbol da buenos frutos, pero el árbol malo da frutos malos. No puede el buen árbol dar malos frutos, ni el árbol malo dar frutos buenos. Todo árbol que no da buen fruto, es cortado y echado en el fuego. Así que, por sus frutos los conoceréis.

MATEO 7:15-20

SEIS
DAR EL FRUTO
DEL ESPÍRITU

Durante mis primeros años de ministerio, pasé gran parte de mi tiempo de oración pidiéndole a Dios que los dones especiales del Espíritu Santo operaran a través de mí. Para ser una ministra poderosa, ciertamente los necesitaba. Todos los necesitamos. Pero yo no le di mucha importancia al fruto del Espíritu. Hasta que un día el Señor me recalcó: "Joyce, si hubieras usado la mitad de la energía y del tiempo en oración tratando de desarrollar el fruto del Espíritu cuando tienes los dones, ya tendrías ambos".

Como cristianos, muchos de nosotros oramos para que Dios se mueva poderosamente a través de nosotros para ayudar a otros, y Dios quiere que oremos de esa manera. Él ha puesto a nuestra disposición dotes especiales de energía sobrenatural que la Biblia llama *dones espirituales* para utilizar con ese mismo propósito. Pero yo creo que nuestra primera prioridad debe ser el desarrollo de los frutos del Espíritu.

Somos conocidos por nuestro fruto, no por nuestros dones. Somos conocidos como seguidores de Jesús por nuestro amor por los demás, y por nuestro fruto Jesús es conocido. Una muestra del fruto del Espíritu, de la naturaleza de Dios, es una muestra del carácter de Jesucristo.

Cuando las personas prueban del fruto en nosotros y ven que es bueno, ellos quieren encontrar la fuente de ese fruto, ese árbol de vida. Debemos mostrarle a la gente que lo que tenemos es real antes de que ellos escuchen lo que tenemos que decir.

LA PALABRA DE DIOS PARA USTED

En cambio, el fruto del Espíritu es amor, alegría, paz, paciencia, amabilidad, bondad, fidelidad, humildad y dominio propio. No hay ley que condene estas cosas.

GÁLATAS 5:22-23, NVI

EL FRUTO DEL ESPÍRITU

Tenemos que salir al mundo y dejar que el Espíritu Santo fluya a través de nosotros para mostrar el amor de Dios, su alegría, paz, paciencia, amabilidad, bondad, fidelidad, humildad y dominio propio, y ayudar a la gente con sus dones. Al enfocarnos en la importancia que Dios pone en el desarrollo del fruto de su Espíritu, nos daremos cuenta de que una puerta para la liberación de nuestros dones se moverá ampliamente.

Cuando el Espíritu Santo vive dentro de nosotros, tenemos todo lo que Él tiene. Su fruto está en nosotros. La semilla ha sido plantada. Debemos permitir que la semilla del fruto crezca y madure en nosotros al cultivarla.

Podemos cultivar todo el fruto centrándonos en el amor y dominio propio, primero y lo último en la lista. Todos los frutos provienen del amor y realmente son una forma de amor, pero se mantienen por el dominio propio. Si usted se está concentrando en desarrollar el fruto del amor, no será impaciente ni grosero con la gente. Usted será amable con ellos en apoyo y fidelidad. El dominio propio nos ayuda a tomar esas pequeñas decisiones durante el día para responder con el fruto y que rápidamente formemos un hábito. Si usted continúa cultivando este hábito, el fruto crecerá en una excepcional vida en el Espíritu.

Cuando nuestro fruto es "exprimido" y somos tomados por sorpresa, descubrimos cuánto le falta a nuestro fruto por desarrollarse.

LA PALABRA DE DIOS PARA USTED

Y la esperanza no avergüenza; porque el amor de Dios ha sido derramado en nuestros corazones por el Espíritu Santo que nos fue dado.

ROMANOS 5:5

Y esto pido en oración, que vuestro amor abunde aún más y más en ciencia y en todo conocimiento…

FILIPENSES 1:9

EL PODER DEL AMOR

Incluso cuando operamos en los más grandes dones espirituales, pero sin amor, no somos más que un gran ruido o alguien que no está haciendo ningún bien a nadie. El amor no es una teoría o palabrería, sino hechos. El amor conlleva acciones, haciendo lo que hay que hacer en cada situación.

Concéntrese en su caminar en amor y examine su vida: sus actitudes, su vida de pensamientos, lo que usted dice, cómo trata a las personas. ¿Cuán amable es usted con la gente? ¿Qué está haciendo por la gente? ¿Cómo está tratando a la gente que no lo trata bien a usted? Nuestra carne no siempre se siente con deseos de amar a los demás, pero si queremos caminar en el poder espiritual y derrotar al enemigo, tenemos que decir: "Ya no vivo yo sino que Cristo vive en mí" (Gálatas 2:20, NVI).

Abundar en amor es lo más excelente que podemos hacer. Y debemos hacer todo con un espíritu de excelencia. No podemos ser una persona excelente y no caminar en amor. ¿Cómo podemos decir que caminamos en amor si no tratamos a la gente excelentemente?

Usted tiene el poder del Espíritu Santo para hacer lo correcto, no solo para hacer lo que usted siente hacer.

Algunas personas sienten que necesitan hacer alardes de sus dones. No, ellos solo necesitan aprender a caminar en amor. El árbol es conocido y juzgado por sus frutos.

LA PALABRA DE DIOS PARA USTED

Como ciudad derribada y sin muro es el hombre cuyo espíritu no tiene rienda.

PROVERBIOS 25:28

EL PODER DEL DOMINIO PROPIO

En el mundo de hoy, el cristianismo no tiene una gran reputación. La actitud que la gente tiene acerca de los cristianos a veces puede ser dolorosa, porque nos ven desde la perspectiva del mundo. Pero, otra parte de eso es que los cristianos no siempre viven a la altura de lo que dicen creer.

Nosotros no operaremos en ningún fruto del Espíritu, ni caminaremos en el poder de Dios sin el dominio propio. El fruto del Espíritu no se trata de cómo nos sentimos, sino de lo que escogemos hacer. Dios nos da dominio propio para que nos disciplinemos. Sin dominio propio, no podemos tener las cosas que deseamos.

Dios quiere ayudarnos a disciplinar nuestros pensamientos y nuestra boca. Usted puede sentir que no tiene ninguna disciplina o control, ¡pero sí la tiene! Si el Espíritu de Dios habita en usted, ahí está. Dios nos ha dado espíritu de poder y amor, una mente calmada y equilibrada, y disciplina y dominio propio (2 Timoteo 1:7).

En la presencia de Dios necesitamos el amor de Cristo para que constriña y controle nuestro corazón. Ojalá y todo lo que hagamos y digamos sea una expresión del corazón amoroso de Dios.

Si los sentimientos son su consigna en la vida, entonces puede ir estampando los desastres a través de ella. No experimentará victoria ni tomará las decisiones que usted sabe debe tomar.

LA PALABRA DE DIOS PARA USTED

...para que la justicia de la ley se cumpliese en nosotros, que no andamos conforme a la carne, sino conforme al Espíritu. Porque los que son de la carne piensan en las cosas de la carne; pero los que son del Espíritu, en las cosas del Espíritu.

ROMANOS 8:4-5

CAMINAR EN
EL ESPÍRITU

El poder espiritual viene con una etiqueta de precio. Con el fin de caminar en el Espíritu hay que decir que no a algunas cosas a las que deberíamos más bien decir que sí, y sí a algunas que deberíamos decir no. Debemos seguir el impulso del Espíritu Santo a través de nuestro espíritu.

Caminar en el Espíritu requiere que nos mantengamos llenos del Espíritu. Esto se logra eligiendo continuamente lo correcto en cuanto a los pensamientos, las conversaciones, la compañía, la música, el entretenimiento, y otras cosas más.

Para hacer la voluntad de Dios debemos estar listos para sufrir. Si nuestra carne desea caminar hacia un lado y el Espíritu de Dios nos dirige hacia otro camino, una decisión voluntaria de ser obediente provocará sufrimiento en nuestra carne.

La buena noticia es que si optamos por caminar en el Espíritu a diario, moriremos al egocentrismo y ganaremos libertad para servir a Dios. Experimentaremos justicia, paz y gozo en el Espíritu Santo. Viviremos en victoria no importa lo que venga contra nosotros. ¡Eso es vivir en poder!

**Invierta en su futuro: Camine en el Espíritu.
Empiece a tomar decisiones correctas. Sea
persistente y espere ser bendecido.**

LA PALABRA DE DIOS PARA USTED

Y no contristéis al Espíritu Santo de Dios, con el cual fuisteis sellados para el día de la redención.

EFESIOS 4:30

No contriste
al espíritu

Yo tomo el verso de Efesios 4:30 muy en serio. No quiero contristar al Espíritu Santo, pero cómo puedo evitar hacerlo. Leyendo los versos del contexto es claro que una de las cosas que contrista al Espíritu es cuando la gente se maltrata mutuamente. En el verso 29 somos animados a edificar a otros con las palabras de nuestra boca. El verso 31 nos exhorta a no ser amargados, enojosos o contenciosos y de tener cuidado de no calumniar, ser rencorosos o poseer una mala voluntad.

Se trata de volver a nuestro caminar en amor y la forma en que el Espíritu Santo ha derramado el amor de Dios en nuestros corazones. Él es quien nos enseña convenciéndonos de conducta equivocada cuando maltratamos a otros. Él es quien obra en nosotros para darnos un corazón tierno.

Me percaté que estaba contristando al Espíritu Santo cuando era dura y odiosa con alguien o cuando permanecía enojada con alguna persona, comencé a tomar esa clase de conducta más en serio. También me di cuenta de que lo que estaba haciendo me entristecía a mí también. Me hacía sentir triste y deprimida, tenía la sensación de que algo no estaba bien. Toda esa desobediencia es pecado y contrista al Espíritu cortando nuestro poder espiritual.

**He encontrado el secreto de ser feliz
todo el tiempo: es el caminar en amor.**

LA PALABRA DE DIOS
PARA USTED

Dad gracias en todo, porque esta es la voluntad de Dios para con vosotros en Cristo Jesús. No apaguéis al Espíritu. No menospreciéis las profecías. Examinadlo todo; retened lo bueno.

1 TESALONICENSES 5:18-21

No apague
el espíritu

Pablo nos dice que no apaguemos, suprimamos o refrenemos al Espíritu Santo. De acuerdo al diccionario Webster, *apagar* es "poner fuera", *suprimir* significa "paralizar" (el fluir natural) y *refrenar* significa "hacer menos intenso". Si apagamos un fuego, le quitamos o restamos intensidad. No queremos apagar al Espíritu Santo; por el contrario, queremos asegurarnos hacer todo lo posible para incrementar su actividad en nosotros.

Los versos previos en 1 Tesalonicenses nos dan datos valiosos sobre caminar en el poder espiritual. A partir de estas escrituras, está claro que nuestra actitud es muy importante. Es todo acerca de cómo actuar, el patrón de conducta que mostramos. Nuestra actitud envuelve nuestro carácter y nuestro carácter empieza en nuestros pensamientos.

El Espíritu se apaga cuando tenemos una mala actitud, tal como amargura, ira, falta de perdón, malevolencia, falta de respeto, venganza, falta de apreciación y la lista sigue y sigue. El Espíritu Santo fluye a través de una actitud piadosa, no una impía.

Examine regularmente su corazón y guárdelo con toda diligencia (Proverbios 4:23). Es la fuente de la vida.

Si somos lo suficientemente inteligentes para no tragar veneno, también debemos serlo para no permitir que Satanás envenene nuestra mente, actitud, y ultimadamente nuestra vida.

LA PALABRA DE DIOS PARA USTED

Por lo cual te aconsejo que avives el fuego del don de Dios que está en ti por la imposición de mis manos. Porque no nos ha dado Dios espíritu de cobardía, sino de poder, de amor y de dominio propio.

2 TIMOTEO 1:6-7

MUÉVASE HACIA ADELANTE

En nuestras vidas espirituales o nos movemos agresivamente hacia adelante con propósito, o nos deslizamos hacia atrás. No hay tal cosa como cristianos inactivos. No podemos poner nuestro caminar cristiano o nuestro poder espiritual en espera. Es por eso que Timoteo fue instruido para avivar la llama y reavivar el fuego que una vez ardió en él.

Evidentemente, Timoteo había dado un paso hacia atrás, tal vez por miedo. En el momento en que entramos en miedo, comenzamos a convertirnos en inmóviles en vez de activos. El miedo nos congela en un lugar, por así decirlo; impide el progreso.

Sin duda es fácil entender por qué Timoteo pudo haber perdido su valor y confianza. Fue un tiempo de persecución extrema y su mentor Pablo estaba en la cárcel. ¿Y si a él le sucedía lo mismo?

Sin embargo, Pablo le alentó fuertemente para que se sacudiera, que volviera a la carrera, recordando el llamado en su vida, resistiendo el temor y recordando que Dios le había dado un espíritu de poder, amor y dominio propio. Todo esto vino a él cuando recibió la plenitud del Espíritu Santo.

Si intentamos mantenernos firmes en el Espíritu Santo, debemos escoger nuestros pensamientos y nuestras palabras cuidadosamente.

LOS SECRETOS **DEL** *poder espiritual*

LA PALABRA DE DIOS
PARA USTED

Digo, pues: Andad en el Espíritu, y no satisfagáis los deseos de la carne.

GÁLATAS 5:16

SEA SIEMPRE GUIADO POR EL ESPÍRITU

Pablo nunca dijo que los deseos o que los deseos de la carne morirían o que ya no existen para los hijos de Dios. Él dijo que debemos elegir ser dirigidos por el Espíritu Santo, y al tomar esa elección no tendríamos que satisfacer los deseos de la carne que continuamente nos tienta.

Hay muchas cosas disponibles para guiarnos: otras personas, el diablo y sus demonios, la carne (nuestro propio cuerpo, mente, voluntad o emociones) o el Espíritu Santo. Hay muchas voces en el mundo que nos están hablando y muchas veces varias al mismo tiempo.

Es imperativo que aprendamos a cómo ser guiados por el Espíritu Santo. Solo Él conoce la voluntad de Dios y es enviado a morar en cada uno de nosotros para ayudarnos a ser todo lo que Dios diseñó que seamos y tener todo lo que Dios quiere que tengamos. Ser guiados por el Espíritu significa que Él nos guía por la paz, la sabiduría, así como, por la Palabra de Dios. Él habla con una voz suave y apacible en nuestros corazones o a lo que a menudo llamamos "el testigo interno". Aquellos que quieran caminar en el poder espiritual deben aprender a seguir el testigo interno y responder rápidamente.

¡El Espíritu Santo vive en cada uno de nosotros para ayudarnos! Debemos levantar nuestra vida entera a diario y decir con toda nuestra fuerza: "¡Espíritu Santo, eres bienvenido a moverte con poder en mi vida!".

ACERCA DE LA AUTORA

Joyce meyer ha enseñado la Palabra de Dios desde 1976, y se ha dedicado al ministerio a tiempo completo desde 1980. Es autora de más de cien exitosos libros inspiradores, incluyendo *Adicción a la aprobación*, Mujer segura de sí misma, *Cómo oír a Dios* y *El campo de batalla de la mente*. También ha producido miles de estudios en audio, así como una biblioteca de vídeo completa. El programa de radio y televisión *Disfrutando la vida diaria*, presentado por Joyce, es difundido en todo el mundo; y ella viaja extensamente para impartir conferencias. Joyce y su esposo Dave son padres de cuatro hijos adultos y viven en la ciudad de San Luis, Misuri.

Para contactar a la autora escriba:
Joyce Meyer Ministries
P. O. Box 655
Fenton, Missouri 63026
O llame a: (636) 349-0303
1-800-727-9673

Dirección de internet: www.joycemeyer.org

Por favor, incluya su testimonio o la ayuda recibida de este libro cuando escriba. Sus pedidos de oración son bienvenidos.

Joyce Meyer Ministries—Canadá
P.O. Box 7700
Vancouver, BC V6B 4E2
Canada
1 (800) 868-1002

Joyce Meyer Ministries—Australia
Locked Bag 77
Mansfield Delivery Centre
Queensland 4122
Australia
+61 7 3349 1200

Joyce Meyer Ministries—Inglaterra
P.O. Box 1549
Windsor SL4 1GT
United Kingdom
+44 1753 831102